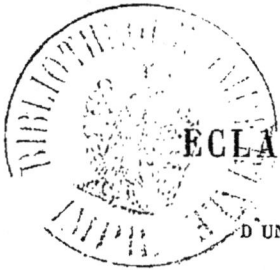

ÉCLAIRCISSEMENT

D'UN POINT ESSENTIEL

DE

MORALE POLITIQUE

PARIS. — IMP. SIMON RAÇON ET COMP., RUE D'ERFURTH, 1.

ÉCLAIRCISSEMENT

D'UN POINT ESSENTIEL

DE

MORALE POLITIQUE

PAR

G. BOULLAY

Auteur de la *Réorganisation administrative*, de la *Société mécénienne de France*, etc.

———

PARIS

E. DENTU, LIBRAIRE-ÉDITEUR

PALAIS-ROYAL, 17-19, GALERIE D'ORLÉANS

—

1865

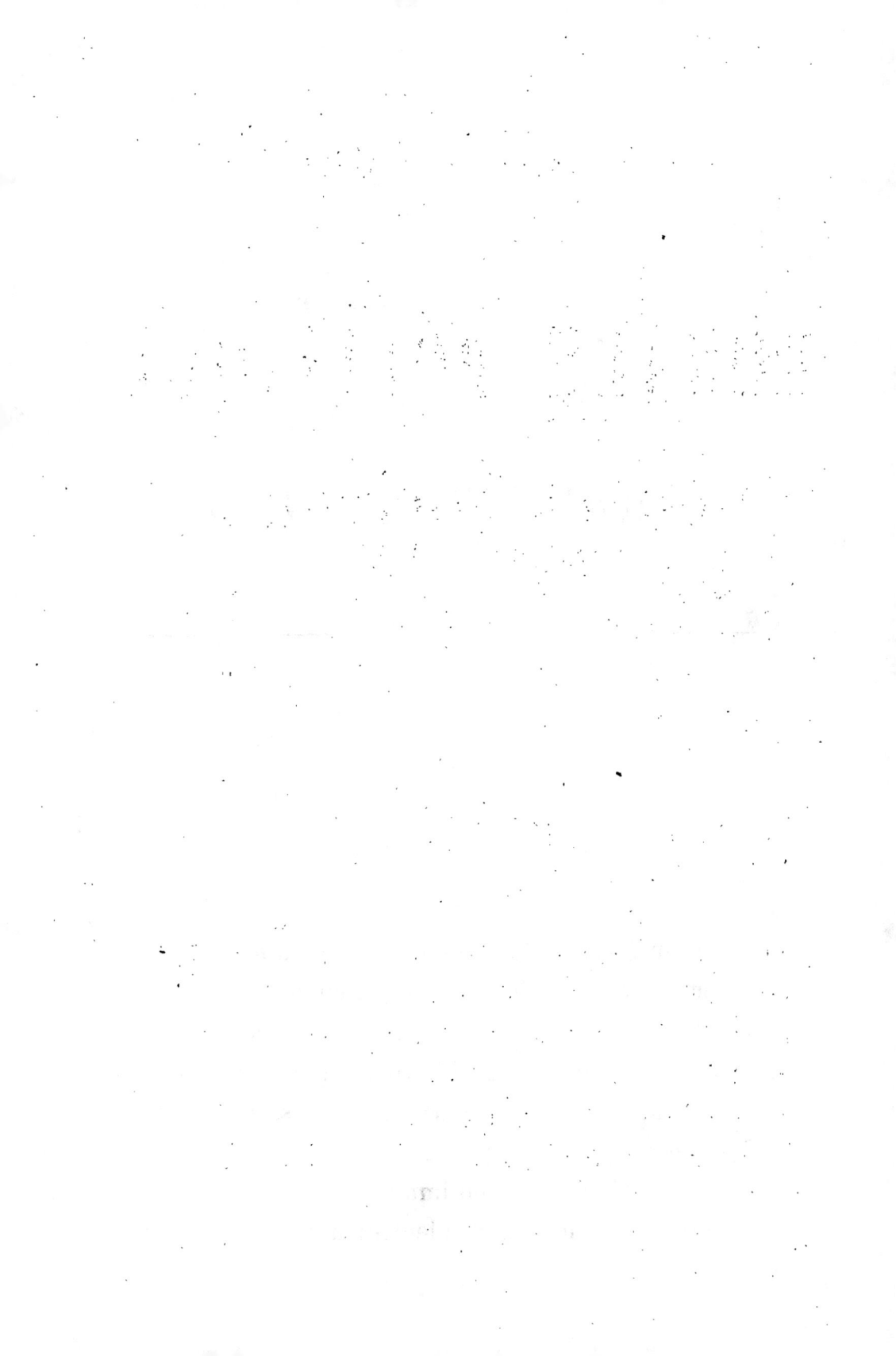

ÉCLAIRCISSEMENT

D'UN POINT ESSENTIEL

DE

MORALE POLITIQUE

1

Dans un écrit intitulé *Politique internationale*, qui sera prochainement publié, nous attribuons à la politique de l'Empereur de notables changements survenus dans la situation de l'Europe. Nous établissons que, par la sagesse et la modération de sa politique, l'Empereur, après avoir plus d'une fois écarté de nous les dangers d'une coalition imminente, a rendu à peu près impossible le renouvellement d'un concert qui fut longtemps le nœud de la politique européenne. La preuve de cet heureux dénoûment réside pour nous dans la convention du 15 septembre 1864, passée avec notre illustre et chevaleresque allié, le roi Victor-Emmanuel. Or, il y a quelques années, un traité pareil eût causé un ébranlement général suscité par les absolutistes, par ceux des membres des diverses aristocraties européennes appartenant au parti du *progrès rétrograde* et par les fanatiques de toutes sortes (chefs des jésuites, ultramontains, parti de la croix, etc.), en un mot par tous les fauteurs de la coalition. Aujourd'hui, tout est calme ; notre ciel est pur, et l'orage ne s'essaye pas à gronder, même dans le plus obscur lointain. Non-seulement nous n'avons plus aucun sujet d'inquiétude, mais tout tourne en notre faveur, jusqu'à la réponse de nos adversaires. Rome, que l'Autriche même abandonne, nous adresse une bienheureuse Encyclique dont nous avons tout lieu de nous féliciter. L'Encyclique nous fait entendre que le Pape, loin d'avoir à renoncer à *ses* États, est le souverain spirituel et temporel de toute la terre. Cette doctrine, qui ne fut jamais celle de l'Église universelle, soulève en effet une universelle répulsion. Beaucoup de personnes, qui la favorisaient sans le vouloir et faisaient de l'ultramontanisme sans le savoir, reculent effrayées. La petite secte ultramontaine se voit réduite à ses meneurs.

L'impuissance, telle est désormais sa doctrine, et, pour les sectes, quelque audacieuses qu'elles soient, l'impuissance c'est le ridicule et la mort. L'ultramontanisme agonisant va céder la place au gallicanisme, c'est-à-dire à la religion reconnaissant la souveraineté du peuple pour un de ses dogmes essentiels. Suivant le même principe, la politique traitera le Pape en monarque constitutionnel de l'Église et le catholicisme reconnaîtra là sa véritable doctrine. Le gouvernement, dès·lors, et les pères de famille n'accorderont plus leur confiance qu'à des ecclésiastiques gallicans, et la paix toujours troublée par les excès de l'ultramontanisme va renaître dans·l'ordre civil et religieux et durer indéfiniment.

Cette question ainsi résolue, nous arrivons à notre objet essentiel, traité, comme nous venons de le dire, dans notre *Politique internationale*, et produit ici par extrait. Nous avons nos raisons pour procéder ainsi dans cette publication.

Dans l'écrit en question, nous pensons prouver que l'Empereur en viendra, et plus tôt que plus tard, à ses fins, c'est-à-dire à réaliser son projet de congrès européen. La paix sera consolidée, comme elle doit l'être, par la reconstitution des nationalités. Tel est, vraisemblablement, le but de Sa Majesté, qui ne parle ni n'agit en vain, et tel sera le fait du congrès. Du reste, quiconque souhaiterait qu'il en fût ainsi aurait

tort de parler à ce sujet autrement que nous. Le
moyen que le fait ait lieu, c'est que tout le monde
l'affirme. Or, tout le monde, ou peu s'en faut, est ami
des nationalités. Que l'affirmation universelle soit
aussi résolue qu'elle doit l'être, la politique des États
s'y conforme et la paix en Europe nous est assurée
pour un avenir indéfini.

La pensée de l'Empereur ne peut pas manquer
d'être comprise par tous les gouvernements, puisque
déjà le plus grand nombre d'entre eux l'apprécient
comme elle· mérite de l'être, et l'exécution en sera
secondée par l'opinion publique européenne, près de
laquelle nous nous mettons en instance.

Depuis le jour, en effet, où l'empereur a lancé sa
fameuse proposition, Sa Majesté a grandi plus rapide-
ment encore dans l'opinion, qui commençait déjà à
être moins prévenue contre lui. On a vu enfin que
son désir de la paix, depuis si longtemps exprimé,
était sincère. Naguère abusés par ses ennemis, les
peuples ne peuvent plus l'être sur le compte du chef
d'État qui propose de s'entendre avec lui au grand
jour, en présence de tout le monde. A ce sujet, il y a
lieu de remarquer combien il est fâcheux que l'Empereur n'ait pas été compris dès les premières années
de son règne; s'il l'eût été, que de victimes de moins,
que de tristes spectacles épargnés à l'Europe, que de
maux à l'humanité!

Or, non-seulement l'Empereur n'a pas été compris dès l'abord, mais il y a eu une méfiance générale à son égard. Nous demandons alors : Pourquoi cette méfiance? et nous répondons : C'est à cause de l'origine de son pouvoir. Appréciant avec des lumières morales insuffisantes, l'opinion s'est complétement fourvoyée en ce qui concerne le 2 décembre.

Tout le monde a profité du coup d'État, et tout le monde l'a blâmé. Les partisans même du gouvernement impérial, fût-ce les plus éclairés et les plus dévoués, hésitent encore à ce sujet ; ou bien ils n'hésitent pas, mais ils emportent la difficulté de haute lutte, en déclarant que ce qui fut nécessaire à ce point fut moral. Ils ont raison, mais ils ne le prouvent pas. Ils n'établissent pas en ce point l'accord de la morale et de la nécessité. Par suite, ils ne répondent pas à l'objection des personnes qui déclarent qu'il n'y a qu'une chose nécessaire en ce monde, c'est de faire son devoir, et n'admettent pas les oppositions de la morale et de la politique ; or, nous sommes profondément de l'avis de ces personnes. Nous n'admettons non plus aucune opposition entre la justice et l'utilité, qui ne sont que les faces diverses d'un même fait, la vérité, laquelle n'est jamais en contradiction avec elle-même.

C'est pourquoi, considérant le 2 décembre comme

★

« un acte sauveur[1] » nous prétendons que cet acte est moral dans toutes ses parties.

Il nous fallait disculper l'Empereur sur ce point vis-à-vis de l'Europe, et nous n'éprouvons aucun embarras à le faire, assuré que nous sommes de justifier ce coup d'État de la manière la plus absolue. Or, quand on comprendra que l'acte dont on a fait si longtemps un crime à l'Empereur, non-seulement n'est pas un crime, mais, ne pouvant pas être une chose indifférente, est une grande et belle action, le malentendu entre lui et l'Europe cessera complétement, et la gratitude prenant la place des accusations malveillantes l'aidera à poursuivre l'œuvre de son congrès, pour laquelle l'Europe ne lui devra pas moins de reconnaissance. Ainsi donc, tant que le 2 décembre n'aura pas été moralement justifié, il y aura opportunité à revenir sur ce coup d'État. Une justification pareille importe à l'honneur de notre gouvernement, de notre pays, de notre histoire. En présence de cet intérêt patriotique, on doit se sentir de l'ardeur pour une telle entreprise, ou avoir le désir qu'elle ait un plein succès.

En France pourtant nous rencontrerions l'objection des personnes qui se plaindraient de ne pouvoir nous répondre. Cette objection ne détruit pas notre thèse.

---

[1] Expression du maréchal Pélissier.

Si le 2 décembre est justifié vis-à-vis de l'Eùrope, il le sera pour tout le monde, avec ou sans le droit de réponse. N'est-il pas possible, en effet, que l'évidence se fasse sur cette question, bien qu'il soit interdit de nous répondre. Si nous y atteignons, rien n'empêchera qu'on ne le reconnaisse et qu'on ne l'avoue. De la nécessité de l'acte nous déduisons sa moralité et par conséquent l'erreur de ceux qui le blâment. Mais quiconque n'admettrait pas cette nécessité, malgré nos preuves, ici n'est pas en cause; nous n'attaquons pas les gens qui ne peuvent se défendre.

Après la justification d'un fait contre lequel existaient de si grandes préventions, il paraîtra peut-être vraisemblable que nous soyons en mesure de justifier également l'absence de liberté de discussion sur ce point. Quoique ce ne soit ni bien difficile ni bien long, nous le ferons ailleurs; ici ce serait hors de notre sujet.

II

Les révolutions sont les coups d'État des peuples, et
les coups d'État sont des révolutions opérées par les
pouvoirs. L'un comme l'autre fait peut être criminel
ou méritoire. Dans ce dernier cas, on le juge conforme à l'une des formules de l'éternelle justice,
inscrite dans notre code et dans celui de toutes les
nations : la légitime défense de soi-même et d'autrui,
spécialement d'autrui, dans l'un et l'autre cas. Pour le
pouvoir ou pour les citoyens, le motif qui fait ap-
pliquer le principe de légitime défense est le même,
le danger que court ce pays. Le coup d'État a lieu
lorsque la société se trouve menacée par la violence
de minorités factieuses auxquelles la majorité n'a
pas su imposer un frein, — la révolution, lorsque la
société est conduite à une catastrophe par la mau-
vaise gestion des gouvernants.

Objecte-t-on la légalité, mais c'est précisément la loi existante qni fait question dans de pareilles circonstances. S'il faut un coup d'État, c'est que la loi est insuffisante à préserver la société des maux qui la menacent. Est-ce la révolution qui est nécessaire, c'est que la loi est violée ou fraudée par le pouvoir. Le coup d'État comme la révolution légitimes ne sont plus alors qu'un moyen de recourir à une nouvelle expression de la volonté du peuple, à une nouvelle loi stipulant de plus puissantes garanties en faveur du véritable ordre conservateur du progrès.

Du reste, point d'autre signe de la nécessité de ce recours que l'évidence qui apparaît aux gouvernants ou aux simples citoyens. Les uns et les autres peuvent se tromper sans doute. Dans ce cas, les premiers font de la tyrannie, les seconds de l'émeute. Mais l'erreur possible n'est pas une raison pour ne pas agir quand on croit être dans le vrai, et lorsque la nécessité apparaît, le coup d'État ou la révolution sont un devoir pour celui qui rencontre un cas d'application du principe de légitime défense à la société.

Cette nécessité existait-elle à l'époque du 2 décembre? Aux yeux de l'Europe, rien ne devait être plus clair. Il était facile de juger, de l'extérieur, que ce coup d'État sauvait la France d'une révolution de la pire espèce. Chez nous du reste, on ne s'y trompait guère. A l'époque du 2 décembre, qui est-ce qui ne croyait pas en France à l'imminence d'une catastrophe? Les uns la craignaient, les autres la désiraient; ce n'est qu'après le 2 décembre qu'on n'y a plus cru. Quand le danger fut passé, les nouveaux opposants le nièrent. Admettons cependant que l'opposition actuelle n'ait pas cru au bouleversement promis pour 1852, les conservateurs y croyaient sans doute? Et l'Assemblée nationale qu'en pensait elle? La droite au moins était bien convaincue de la nécessité d'un coup d'État, puisqu'elle tenta le sien le 17 novembre. La fameuse proposition des questeurs de remettre le commandement des troupes aux mains du président de l'Assemblée était le coup d'État de la droite, dirigé contre la gauche et contre le président de la République. A celui-ci on destinait Vincennes, aux autres Nouka-Hiva[1].

Depuis cette époque on a prétendu que le pays se serait bien sauvé lui-même. Observons d'abord que c'est admettre la nécessité du coup d'État. Cette allégation vient donc à l'appui de notre thèse. Le pays, dit-on ensuite, se serait sauvé lui-même; sans aucun doute; c'est-à-dire qu'après être tombé dans un abîme de maux, un violent effort l'en aurait tiré.

---

[1] C'est ce que nous disait un représentant de la gauche, M. Rantian, à qui nous reprochions, le 1er décembre 1851, d'avoir voté contre la proposition des questeurs. En même temps, M. Rantian nous remettait un billet pour aller le trouver à l'Assemblée le lendemain, 2 *décembre*.

Mais cette chute et ces souffrances, d'une part, et, de l'autre, cet effort composé de tant de sacrifices sont justement toute la question. La France ne périra pas ; on l'admet ; mais il s'agit de savoir à quel prix le pays sera sauvé, et ce qu'il y laissera du sien.

Enfin, si le peuple pourvoit à son propre salut, il faut cependant que ce soit à l'aide de quelqu'un. Eh bien, c'est ce qu'il a fait par les mains du président, qui fut à cet égard son représentant avant de l'être sur le trône, car le représentant du peuple et de la révolution c'est l'Empereur. Il y a encore des gens qui le nient et disent : *il* ne l'entend pas ainsi. Mais si nous voulons que ce soit, cela est. Et l'Empereur l'admet. L'élu du peuple n'a de puissance que par nous et nous le rappelle sans cesse. Dans un de ces moments d'impatience, rares chez Sa Majesté, mais trop bien justifiés, qu'on lui cause, l'Empereur n'a-t-il pas dit : le maître en définitive c'est celui qui tient les cordons de la bourse.

Cela fait mal au cœur, patriotiquement parlant, de voir parmi les classes aisées et éclairées des gens qui ne comprennent pas encore un pareil homme, et ces autres qui l'appuient si mollement. Aussi comme nous savons faire nos affaires ! « La première vertu d'un peuple, a dit l'Empereur, est d'avoir confiance en lui-même. » Or quelle honorable confiance nous avons en nous-mêmes avec notre bourse honteusement stagnante aux environs de soixante-cinq, tandis que les fonds anglais sont à quatre-vingt-dix.

A présent nous avons à justifier la conduite personnelle de l'Empereur. C'est tout aussi facile que de justifier le coup d'État. La première apologie entraîne la seconde. D'abord on peut penser que si tant de gens, c'est-à-dire presque tout le monde, l'Assemblée nationale en tête, ont cru à la nécessité d'une mesure de salut public, le Président a bien pu y croire; dans sa conscience déjà le voilà justifié, et c'est là ce qu'aurait dû respecter l'écrivain dont la fureur s'est portée jusqu'à cette inconséquence de poursuivre tout ce qui tenait au régime actuel des injures les plus antidémocratiques [1].

Nous concevons cependant que pour bien des gens l'appréciation du coup d'État du 2 décembre offrait ses ambages et ses difficultés. Il y avait des raisons très-spécieuses, de nature à faire supposer que le seul homme en état de sauver le pays fût pourtant le seul qui ne dût pas le tenter. Mais il y avait aussi des motifs de croire que le Président devait tout sacrifier au salut du pays. Non pas son honneur, comme le disait d'une

[1] Récureurs d'égouts, décrotteurs, nègres, sapeurs, « soldats quittant leur noir chevet. »

Si nous attaquons M. Victor Hugo en France, il peut nous répondre en Europe. Nous avons pu lire ici ses écrits prohibés; sa réponse ira donc à son adresse, mais, comme on le verra plus loin, M. Victor Hugo ne le fera pas.

manière erronée ce brave et honnête Cavaignac, prétendant qu'il en ferait le sacrifice à la République. Le véritable honneur n'est jamais en opposition avec l'accomplissement d'un devoir. Pour trouver les motifs en question, il fallait, nous ne craignons pas de le dire, une bonne volonté patriotique et un dévouement à la vérité qui étouffent en vous toute passion politique. Néanmoins certaines observations faciles à faire pouvaient mettre bien des gens sur la voie de la vérité.

Souvenez-vous de ce qu'étaient les conservateurs du temps de Louis-Philippe. On leur imputait une excessive timidité; il y aura lieu de réviser leur procès à cet égard, et il faudra modifier la sentence portée contre eux. Toutefois, quand M. Thiers les invitait à ne pas « exagérer leur principe » de stabilité, il était dans le vrai. Mais en 1848 et suivantes, s'ils ont peur, ils sont dans leur droit, et ils en usent. Aux approches de 1852 surtout, et malgré l'habitude des alarmes contractée durant quatre années de République, les voici de nouveau dans les transes; ils se sentent perdus, noyés, et volontiers ils prendraient une barre de fer rouge avec les mains.

Les progressistes de la veille (opposition dynastique), républicains du lendemain et nos coreligionnaires en politique, ont d'ordinaire plus de hardiesse, plus de confiance dans les principes et en eux-mêmes. Bon nombre d'entre eux appartiendront à la future

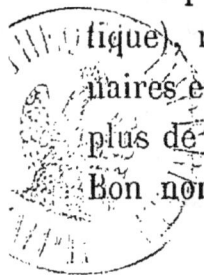

opposition démocratique. C'est du reste un simple malentendu qui les sépare du gouvernement. Dans ce malentendu, le 2 décembre compte aussi pour quelque chose. Or, en 1851, les progressistes des classes aisées et éclairées ne sont pour la plupart guère mieux rassurés que les conservateurs. Cependant unis aux républicains de la veille, ils font contre fortune bon cœur. Quelques-uns espèrent influer assez sur le cours des événements pour en arrêter les effets désastreux ; mais d'autres se préparent à leur enlever cette satisfaction, et pour cela pousseront aussi loin qu'il le faudra le succès des *frères et amis.*

Au milieu de ces transes et de ces fluctuations, éclate le coup d'État. Grâce à Dieu nous voilà hors de danger, les uns sont délivrés de leur oppression, les autres débarrassés de leurs espérances inquiètes. On respire enfin, c'est le moment d'être ingrat. Pendant l'orage plus d'un conservateur « eût voué cent bœufs au vainqueur des Titans, » ils ne brûleront même pas « quelques os, » ainsi que le passager de la fable, « quand il fut au rivage [1]. » Ces conservateurs-là resteront orléanistes sous prétexte de reconnaissance, d'autres également en opposition avec leur principe feront de l'opposition exclusivement libérale, sans déclarer reconnaître le gouvernement en dépit de leur principe.

---

[1] La Fontaine, *Jupiter et le Passager.*

Cependant, une fois rassurés, les nouveaux opposants de toutes les couleurs se mettent à battre la campagne. Ils blâment verbalement le coup d'État : les uns consciencieusement, nous le reconnaissons, et au nom de la morale ; les autres non sans une pointe de jalousie, on les a empêchés d'être à leur tour des sauveurs, des Cavaignac, des Lamartine ; « *on leur a volé la France.* »

Mais quand on s'est vu sauvé, quand on a cru l'être, ne fût-ce qu'un instant, n'y a-t-il pas une contradiction flagrante à blâmer le 2 décembre. Au moment décisif vous l'eussiez, pour la plupart, réclamé à mains jointes ; accompli, vous en avez voulu les conséquences, c'est-à-dire, la continuation ; vous y êtes donc participants autant qu'il est en vous de l'être, et si l'acte est criminel, vous en êtes, au fond du cœur, les complices. Eh bien ! comment avez-vous pu croire que votre salut ne fût pas légitime ? Comment un acte sauveur pouvait-il être en même temps un acte immoral ?

Telle est l'observation qui devait mettre sur la voie de la vérité, et, moyennant un peu de bonne volonté, il était facile de reconnaître que dans cette fameuse violation de serment tant reprochée à notre Empereur, il n'y a pas autre chose que l'accomplissement d'un devoir, ou, si l'on veut, *la préférence obligatoirement donnée à un devoir supérieur sur un devoir moindre.*

Le devoir supérieur était de sauver le pays, le devoir moindre était de tenir son serment. En présence de la nécessité avérée du salut public, le serment disparaissait pour le Président, et avant le peuple même le devoir l'en avait délié.

Nonobstant une justification aussi complète du fait en lui-même, peut-être devons-nous, pour lever absolument tous les doutes, détruire ici les idées exagérées, on pourrait même dire superstitieuses, que l'on s'est faites du serment. Cet acte consiste dans un engagement solennel de remplir un devoir. Or, la solennité du serment n'est qu'une constatation plus formelle de l'engagement pris ; mais cette consécration, comme on l'appelle, n'ajoute absolument rien au devoir, ne le rend pas plus important ni plus sacré qu'il ne l'était auparavant.

Quand on prête serment, on prend ou Dieu ou son honneur à témoin que l'on remplira un devoir. Mais c'est une chose déjà faite. Il n'y a pas de devoir dont Dieu ou votre honneur ne soient à l'avance témoins que vous êtes engagé à le remplir, du moment que vous en avez simplement admis l'obligation. Le serment dès lors est surérogatoire et a pour inconvénient de favoriser un préjugé.

Néanmoins, la constitution impériale a maintenu le serment. Le fait pour nous s'explique ainsi. Par ce renouvellement du serment, en vertu d'une loi expresse, l'Empereur disait à tout le monde : Comprenez donc que, bien que le fait existe en lui-même, moralement ma violation de serment n'existe pas, et que je n'ai cru en aucune façon manquer à la foi jurée, comme vous dites, ou simplement à ma parole.

Quant à nous, par les motifs ci-dessus, nous n'admettons pas le serment en politique, et sur ce point nous sommes de l'opposition, comme nous pourrions l'être sur tel ou tel autre[1].

Nous passons maintenant aux objections intimes et qui auraient pour but de faire croire que la justification du coup d'État étant admise, et ses conséquences acceptées d'ailleurs par tout le monde, il se pourrait que l'auteur du coup d'État n'eût pas la conscience aussi nette que le fait le serait en lui-même. Pour préciser l'accusation, rappelons que le manque de parole du Président est incriminé en Europe ou en France comme ayant été prémédité.

Si l'on suit attentivement le cours des choses à cette époque, il est facile de voir que la résolution du coup

---

[1] Tels que le rétablissement des titres de noblesse, l'emploi toléré du mot *sujet* dans les actes publiés, le non-accomplissement de la réforme administrative. Indépendant *parce que* dévoué, dirions-nous, si nous ne craignions de nous donner une importance tout à fait exagérée et bien que la presse de l'opposition ait cru pouvoir se moquer, pendant deux mois au moins, d'un journaliste qui avait déclaré qu'il unirait l'indépendance au dévouement. Nous ferons appel de leur esprit à leur raison auprès des éminents publicistes de la presse libérale, en leur demandant si ce n'est pas là ce que nous devons être vis-à-vis les uns des autres, dévoués mais indépendants. Notre gouvernement peut-il être exclu de l'application de cette règle?

d'État n'a existé dans l'esprit du Président qu'au moment où elle fut inévitable, et par conséquent légitime. Uni à l'Assemblée, le Président espérait conjurer le péril ; il dut compter longtemps sur cette union nécessaire. Pouvait-il croire qu'une Assemblée de représentants du peuple serait assez dépourvue de sens pratique pour adopter la politique que la droite a suivie en dernier lieu ? En présence d'un danger imminent et universel, il y avait une imprudence inconcevable à se séparer du Président d'abord., puis à tenter un coup d'État qui jetait le pays en pleine guerre civile. En effet, les deux partis monarchiques qui tentaient ce coup d'État ou cette révolution avaient contre eux, dans les classes aisées et éclairées, les républicains de la veille et ceux du lendemain; dans les classes les moins aisées et les moins éclairées, le restant des socialistes, l'émeutier, le partageux, et point de racines dans le peuple. Quant à l'armée, chez nous, en temps de révolution, elle s'abstient par crainte de se diviser ; les soldats français ne veulent pas de guerre civile entre eux, et n'admettent pas qu'ils tirent les uns sur les autres. La droite de l'Assemblée, dans la position où elle se trouvait, ne pouvait pas être sûre de l'armée. Son coup d'État était donc plus qu'aventuré. Or, dès le moment où la droite de l'Assemblée s'éloigna du Président, le cours des choses qui conduisait vers la catastrophe se trouvait déterminé d'une manière irrésistible. A partir de cet instant, le Président se trouva dans le cas de faire au pays l'application du principe de légitime dé- fense d'autrui, et, selon la juste expression, l'expres- sion du code : légitime défense *actuelle*. Et, en effet, si le coup qui se prépare est inévitable, on ne doit plus attendre qu'il soit porté. Or, le Président semble avoir voulu mettre de son côté toute la raison et toutes les apparences possibles jusqu'à la plus extrême limite. Il attendit qu'il y eût de la part de l'Assemblée un com- mencement d'exécution. On tremble à la pensée que ses adversaires eussent pu le prévenir et réussir contre lui, et l'on serait tenté de lui faire un reproche de n'avoir pas agi plus tôt. Mais on doit croire que les précau- tions étaient prises contre l'égarement de l'Assemblée; et, en effet, si la proposition des questeurs eût été votée, le 2 décembre se fût appelé 17 novembre ; on se souvient de la sortie du général Saint-Arnaud, alors ministre de la guerre, avant la fin de la discussion.

Dans ces conjonctures, jamais il ne put être ques- tion pour le Président de se retirer pour éviter la violation de serment, comme le veulent quelques per- sonnes. S'il l'eût fait, qu'en fût-il résulté? Il n'eût été nullement compris, sa retraite eût été considérée comme un aveu d'impuissance, et son sacrifice, ridi- culisé, demeurait complétement inutile. Or, quand on doit sauver le pays, quand on se trouve en pos- session de cette double force à la fois morale et matérielle, le peuple et l'armée, on ne risque pas de perdre la France en cherchant à la sauver par une leçon de morale et un bel exemple de désintéressement donné à des factions.

Enfin, il n'y a pas jusqu'à l'intérêt que le Président avait dans la question qui ne milite en sa faveur. L'intérêt général et légitime qui se mêle à toute action humaine existait pour lui nécessairement ; quand on remplit une mission, on en a les risques et les bénéfices, et quand on dit : « Je me charge des destinées de ce peuple, » il est clair qu'on en doit être le chef. Cet intérêt était pleinement satisfait en tout état de cause. Le Président avait des moyens bien plus sûrs que le coup d'État pour arriver au pouvoir suprême auquel l'appelait le vote significatif du 10 décembre 1848. En dépit d'une loi en opposition avec les intentions du peuple et qui lui interdisait la réélection du Président en 1852, le peuple évidemment le renommait.

Admettons, par égard pour toutes les objections, que le peuple se fût arrêté devant la légalité, que se passait-il ? Les élections à l'Assemblée venaient après celle du Président. Or, Louis-Napoléon, en 1848, avait été nommé député dans quatre départements, et à Paris par 120,000 voix. En 1852, dans toute la France, le peuple, qui eût voulu l'emporter d'autant plus qu'on résistait davantage à sa volonté, se fût donné le mot pour nommer partout Louis-Napoléon, député. Nous admettons, si l'on veut, que les invitations des partisans du Président ne lui eussent pas manqué. Que serait-il arrivé devant une pareille manifestation de la volonté nationale ? Que l'autre Président lui eût cédé la place.

Mais cette hypothèse, conséquence de l'objection, est inutile ; le peuple qui va au plus pressé et résout simplement les questions, aurait commencé par nommer Louis-Napoléon Président de la République, en dépit d'une loi contraire à ses intentions.

Avec de telles perspectives, l'intérêt du Président ne le portait pas au coup d'État. Loin de là, l'Empereur n'est pas un homme impatient, ni qui se presse trop, et il connaissait parfaitement l'esprit du peuple des villes et des campagnes. Évidemment l'avenir le préoccupait ; il savait bien qu'il ne manquerait pas de gens qui lui feraient un crime de les avoir sauvés, et, sous couleur de morale, lui susciteraient une déplorable opposition. Il eût donc préféré, dans l'intérêt du pays comme dans le sien, n'avoir pas à frapper son coup d'État.

Ainsi donc, le coup d'État du 2 décembre était nécessaire, et le fait en est justifié par le principe de légitime défense d'autrui; le devoir supérieur qui s'en suivait déliait de son serment le Président de la République. Celui-ci, néanmoins, a fait tout au monde et dans l'intérêt du pays, pour ne pas froisser le préjugé relatif au serment; ainsi tout se justifie et s'explique

à l'avantage de son auteur, dans cette glorieuse révolution du 2 décembrre, qu'il était de notre intérêt à
tous, en France, de savoir comprendre et honorer[1].

Voilà ce qu'aurait dû comprendre également l'Europe, à qui l'impartialité était facile, d'autant plus que
le grand acte du Président lui rendait, tout autant
qu'à la France, la sécurité; et lui ouvrait les perspectives d'un heureux avenir. Mais la peur raisonne d'autant moins qu'elle a moins de raisons d'être. La crainte
d'un nouvel empire, évoquée dans les esprits comme
un fantôme, surexcita toutes les passions contre-ré-
volutionnaires et antifrançaises, et ce fut l'immense
service qu'il rendait à la société européenne et à l'humanité que l'on exploita contre notre Empereur. Il fut
convenu par ses ennemis, et ils firent assez de dupes,
qu'ayant violé ce fameux serment, ce devoir sacro-
saint, plus saint que le devoir lui-même, on ne devait
plus avoir aucune sorte de confiance en lui ni en ses
paroles.

---

[1] C'est pourquoi, nous adressant à l'honneur et à la conscience de
M. Victor Hugo, nous lui demandons une rétractation pour tous
Châtiments.

III

Tel est, vis-à-vis de l'Europe, le commencement de nos explications touchant la politique de l'Empereur. Mais ici, pour traiter la question d'une façon complète, nous avons à donner quelques développements à notre doctrine de la préférence du devoir supérieur sur un devoir moindre. Si l'on veut faire adopter une idée juste, il ne suffit pas, en effet, de l'exposer; il faut encore y habituer les esprits. Or, nous donnons celle-ci pour neuve; entendons-nous pourtant, neuve comme formule, car dans la pratique on s'y conforme sans cesse, soit en politique, soit dans la vie privée.

En politique d'abord, au titre de la nécessité, tout le monde excuse ce que l'on réprouve d'autre part au nom de la morale. C'est ainsi que l'on défend assez maladroitement la diplomatie et la police. Malgré ses broderies et décorations, le diplomate se définit « un espion titré, » et l'agent de police est un mouchard. On est revenu sur le compte de l'agent de sûreté, et M. Victor Hugo (à tout péché avoué miséricorde) y a contribué pour sa bonne part[1]. Quant à l'agent de police politique, il est universellement réprouvé, et par ceux qui le considèrent comme nécessaire, et à plus forte raison par les opposants aux gouvernements, qui prétendent n'en pas reconnaître la nécessité.

Ici, en effet, il faut distinguer entre les partisans des gouvernements et leurs adversaires. Les premiers demandent grâce pour leur gouvernement préféré, en disant : Vous savez bien que « ces choses-là, » c'est-à-dire les actes incriminés comme immoraux, sont inévitables, et, passant condamnation sur l'immoralité, ils soutiennent la nécessité. Mais aux yeux des ennemis des gouvernements, la nécessité n'excuse rien, et il n'y a plus que de l'immoralité. Or, vous connaissez les formules d'exécration usitées en pareil cas : C'est horrible ! C'est abominable ! Jamais on n'a vu chose pareille ! C'est pire que jamais ! Ainsi parlent les progressites eux-mêmes, quand ils ne sont pas contents du gouvernement.

---

[1] Par sa création dans *les Misérables* de *Javert*, le brave mouchard; nous nous trompons et nous lui ferions nos excuses, si l'auteur de ses jours n'y eût mis fin inopinément. « Appelle-moi monsieur l'inspecteur, » dit à Jean Valjean, avec le sentiment de ce qui lui est légitimement dû, cet honorable défenseur de la société.

Dans ces divers cas, ainsi que pour le 2 décembre, la solution de l'opposition entre la nécessité et la morale se trouve dans la justice d'abord, d'où résulte la légitime défense. Ensuite la légitime défense donne lieu à la préférence d'un devoir supérieur à un devoir moindre.

Les gouvernements usent *légitimement*, pour leur défense et celle de la société, des moyens dont on use contre eux *dans la mesure nécessaire à cette défense.* Ils ont droit à la vérité de la part les uns des autres ; ils entretiennent des ambassadeurs pour la savoir. Il y a là justice et réciprocité, et défense préventive. Ensuite la défense de la société exige l'institution d'une police politique contre tous les complots qui se trament dans l'ombre ; on a donc des agents de police politique, et dans de certaines limites ces agents peuvent faire honorablement leur métier. Autre point : pour se défendre des indiscrétions de leurs amis ou de leurs adversaires, les gouvernements ont droit à la dénégation d'actes légitimes, mais à l'exécution desquels importe le secret. L'acte est nécessaire, utile, juste, il y a devoir à l'accomplir ; ne pas le nier, devoir moindre et qui doit être sacrifié. Exemples sur ce dernier point : négation du coup d'État une fois résolu, négation de la conversion de la rente, etc. Mais on reproche au gouvernement actuel de ne pas dire toute la vérité. Les trois quarts du temps il aurait eu à dire à ses adversaires, au Pape, à l'Empereur d'Autriche, etc., qu'ils allaient se fourvoyer. A quoi cela eût-il servi? A compromettre l'avenir sans les éclairer.

La vie privée est également pleine de situations où il faut donner la préférence à un devoir supérieur sur un devoir moindre. Ce que l'on appelle l'hypocrisie du monde n'est pas autre chose, et le fait n'en est point blâmable dans tous les cas où l'on ment pour ne pas faire pis. Ainsi l'on ne dit pas la vérité aux gens parce qu'elle est offensante pour eux ; bien plus, on fera un compliment non mérité s'il est provoqué ; dans l'un et l'autre cas, on sacrifie le devoir moindre. En toutes choses, la pratique de la vérité est au-dessus de l'énoncé de la vérité. Un mensonge qui sauve la vie à une personne qui ne doit pas être tuée doit être préféré à la déclaration de la vérité qui mettra en danger son existence. Croirez-vous avoir mal fait en déroutant un assassin cherchant sa victime qui se cache ? Non pas, vous vous en glorifierez. Faites-le donc en sûreté de conscience, votre mensonge. Faut-il à l'appui un faux serment, parjurez-vous hardiment et sans hésitation, sans quoi vous tuez votre homme. Or il vaut mieux être parjure qu'homicide ; mais si la violation du serment vous est imposée par la crainte de mille homicides et de la ruine du pays, le parjure mérite l'apothéose, de même que le poignard, l'arme maudite des assassins, s'il a servi à défendre l'existence des personnes qui vous sont le plus chères devient une arme révérée. Sans plus de phrases, il faut simplement énoncer que le parjure, en pareil cas, disparaît comme nous l'avons dit, et qu'il reste la belle action par laquelle un grand homme a sauvé la patrie.

Si l'on comprend à présent que, entre le salut du pays et le serment, l'Empereur n'avait pas le choix, on est en état de voir que presque tous les actes de son gouvernement s'expliquent d'une manière analogue : sympathie, admiration et patriotique reconnaissance, tels sont les sentiments que l'on y rattache avec bonheur, quand on les considère avec tant soit peu de bonne volonté. Jamais aucun gouvernement n'a fait autant pour la France, et puissiez-vous tous, mes chers concitoyens, me dispenser d'en faire la preuve !

PARIS. — IMP. SIMON RAÇON ET COMP., RUE D'ERFURTH, 1.

www.ingramcontent.com/pod-product-compliance
Lightning Source LLC
Chambersburg PA
CBHW060754280326
41934CB00010B/2481